»Wie dem Planeten Tag- und Nachtseite überall
und immer eigen sind, so dem strebenden Menschen
immerdar zugleich Glück und Schmerz! –
Ja, Glück und Schmerz liegen schon unbedingt
im Streben selbst – das erste darin, daß wir dem Ziele
durch unser Streben näher kommen, das andere darin,
daß es nie vollständig und für immer befriedigend
erreicht werden kann.«

Carl Gustav Carus

WOLFGANG LICHT

LEIBARZT AM SÄCHSISCHEN KÖNIGSHAUS

TAUCHAER VERLAG

KURZWEILIGES Nr. 21

Licht, Wolfgang:
Leibarzt am sächsischen Königshaus/Wolfgang Licht. –
1. Aufl.-[Taucha]: Tauchaer Verlag, 1998.
ISBN 3-910074-76-6

© by Tauchaer Verlag
Gestaltung: Helmut Selle
Herstellung:
Neumann & Nürnberger, Leipzig
Satz und Reproduktion:
XYZ-Satzstudio, Naumburg
Druck und Verarbeitung:
Westermann Druck Zwickau
Printed in Germany
ISBN 3-910074-76-6

INHALT

VORWORT

*L*EIBARZT am sächsischen Königshaus – dieses ehrenvolle Amt wurde nur besonders vertrauenswürdigen Männern angetragen. Der wohl berühmteste unter ihnen war Carl Gustav Carus, Dresdens bedeutendster Arzt im 19. Jahrhundert. Das Haus in der östlichen Vorstadt, Große Borngasse 18, in dem er 35 Jahre gewohnt und gewirkt hat, entwickelte sich unter dem Namen Villa Cara zu einem geistigen Zentrum der Elbmetropole. In ihm verkehrten berühmte Künstler, Wissenschaftler und andere Prominente jener Zeit. Mit vielen von ihnen war Carus eng befreundet, besonders mit Alexander von Humboldt, Caspar David Friedrich, Ludwig Tieck, dem norwegischen Maler Johann Christian Dahl. So vielseitig wie das Schaffen von Carus war, so unterschiedlich waren die Professionen seiner Freunde und Gäste, zu denen neben anderen die Sängerin Schröder-Devrient, Clara Wiek und Gottfried Semper gehörten. Karl Gutzkow, ein führender Vertreter der Literaturgemeinschaft »Junges Deutschland«, widmete ihm ein Gedicht, woraus folgende Zeilen stammen: »Der Musen Zahl, der ungeteilten, ganzen,/Hast du dich angelobt! Nicht einer, allen!/Wie dicht der Reigen, den sie vor dir tanzen/Auf einer Flur, in eines Tempels Hallen! –« Carus' Universalität hat ihn berühmt und weltweit bekannt gemacht. Er leistete Bedeutendes auf den Gebieten Medizin, vergleichende Anatomie, Naturwissenschaften, Psychologie, Gestaltlehre, Kunstkritik und Philosophie. Über 60 z. T. dickleibige Bücher wurden von ihm verfaßt und größtenteils in fremde Sprachen übersetzt. Man rechnet ihn zu den namhaften Malern der deutschen Romantik. Von ihm stammen etwa 420 Gemälde und 1100 Handzeichnungen, die in Museen und Privatsammlungen aufbewahrt werden.

In seinen »Neun Briefen über Landschaftsmalerei« sieht er eine eigentümliche Vermählung von Wissenschaft und Kunst. Diese Aussage trifft auf sein gesamtes Wirken zu. Auch als Maler blieb er Naturforscher, und der Wissenschaftler wurde vom Maler beeinflußt. Seine Begabungen, vorurteilsfrei zu beobachten und schöpferisch zu gestalten, waren die Eigenschaften, die ihn in seinen Arbeiten erfolgreich machten. »Ich will mich«, schrieb er einmal, »frei am ganzen Horizonte umschauen, frei nach allen meinen Anlagen tätig sein, im Wissenschaftlichen mich regen, im Kunstfache streben, im Leben mich Lebenden nach Kräften hilfreich und förderlich zeigen.«

Viele berühmte Zeitgenossen kannte er persönlich. So Daniel Rauch, Wilhelm von Schadow, Mendelssohn, Friedrich Liszt, Hufeland, Heim, Hegel u. v. a. m. Er korrespondierte mit Goethe, der sich von ihm in seinen naturwissenschaftlichen Ansichten bestätigt fühlte. Carus besaß eine universale Bildung. Seine Geisteshaltung und Weltanschauung wurzelten in den philosophischen Lehren der Romantik, insbesondere deren Naturphilosophie, der er neue Impulse verlieh. Sein klarer, unbestechlicher Verstand verhinderte, daß er ihren spekulativen Auswüchsen erlag.

Carus bekennt: »Mir ging der Grund meiner Tätigkeit aus von dem, was den Mann immer am sichersten erhält, von dem Grunde eines wohlgeordneten, auf Liebe basierenden Familienlebens und einem Kreise einsichtsvoller wohlwollender Freunde und Bekannten, welche öfter in meinem Hause sich begegnen.« Zweiundzwanzigjährig heiratete er Karoline, die fünf Jahre ältere Halbschwester seines Vaters. Mit ihr hatte er fünf Töchter und sechs Söhne. Drei der Kinder waren totgeboren. Sechs starben in jungen Jahren an Infektionskrankheiten, nur zwei überlebten ihn.

Seine wichtigsten medizinisch-wissenschaftlichen Arbeiten vollendete er bis zum Jahr 1827. Nach seiner Berufung zum Leibarzt wandte er sich überwiegend theoretischen Themen zu. Dabei empfand er zunehmend das Isolierte seiner Stellung und er beneidete mitunter diejenigen Kollegen, die, an Hochschulen tätig, mit Gleichgesinnten Gedankenaustausch pflegen konnten. »Wie der Perser sagt: Ein Messer wetzt das andere und ein Mann den anderen.«

Den Beruf des Arztes verglich er mit dem Amt eines Priesters. »Es gibt keine uns noch so werte und wichtige Beschäftigung oder Arbeit, von welcher uns nicht, sei es Tag oder Nacht, der Leidende abzurufen das Recht hat«. So behandelte er den Landmann, den Handwerker, Diplomaten, Künstler, Adlige mit gleicher Hingabe und Gründlichkeit. Schließlich wurde der Vielgerühmte von König Anton zum Leibarzt berufen. Er behielt dieses Amt auch unter den nachfolgenden Königen Friedrich August II. und Johann. Carus verehrte nach seinen Worten das sächsische Königshaus.

Diesen Beziehungen förderlich war das Bildungs-
streben und der Kunstsinn der königlichen Familie. Mit Friedrich August II. betrieb er botanische
Studien. Besonders Johann war ihm freundschaft-
lich gesonnen. Beide verband die Liebe zu Italien
und vor allem die Arbeit an der Übersetzung der
Dante'schen »Göttlichen Komödie«.

Carus hat mehrere ehrenvolle Berufungen an
Universitäten abgelehnt und Dresden bis zu seinem Tode am 28. Juli 1869 die Treue gehalten.
Doch schon in seinen letzten Lebensjahren geriet
er in Vergessenheit. Die überwiegend naturwis-
senschaftlich orientierte medizinische Wissenschaft hatte neue Maßstäbe gesetzt, die Carus in
ihrer Absolutheit nicht anerkennen konnte. Auch
die Weltanschauung der Romantik verlor ihren
Einfluß.

Anfang des 20. Jahrhunderts wurde Carus neu
entdeckt. Zuerst der Maler, danach der Psycho-
loge. Sein Satz: »Der Schlüssel zur Erkenntnis vom
Wesen des bewußten Seelenlebens liegt in der Region des Unbewußtseins«, wurde von der moder-
nen Psychologie wieder aufgegriffen. Schließlich
setzte eine regelrechte Carus-Renaissance ein, die
noch anhält. 1954 erhielt die neu gegründete Medizinische Akademie Dresden seinen Namen.

Das vorliegende Buch soll und kann für den Le-
ser nur eine Anregung sein, sich mit der Person
dieses Universalgelehrten und Humanisten zu be-
schäftigen. Und noch eine Bemerkung sei gestat-
tet: Die meisten der geschilderten Episoden sind
belegt. Anderes beruht auf Mutmaßungen, wie
sich eine Begebenheit zugetragen haben könnte.

DIE ERNENNUNG

$\mathcal{A}$M 31. Mai 1827 starb in Dresden Friedrich August I. (geb. 1750) »der Gerechte«, seit 1806 König von Sachsen. Sein nur wenig jüngerer Bruder Anton (1755–1836) wurde neuer Herrscher. Zur gleichen Zeit hatten zwei Leibärzte ihr Amt aufgegeben. An einem Septemberabend dieses Jahres fand Carl Gustav Carus auf dem Schreibtisch seines Arbeitszimmers in der Klinik einen Brief seines älteren Kollegen Friedrich Ludwig Kreysig vor. Der Professor schrieb ihm, daß er beauftragt sei, Carus eine der freigewordenen Leibarztstellen anzutragen; die zweite sei für Kreysigs Neffen Leopold Francke, ebenfalls Professor an der Akademie, vorgesehen. Carus fuhr sich mit einer Hand ins Haar. Er war höchst überrascht, voller Freude. Er trat ans Fenster, blickte auf die jetzt dunstverhangene Elbe. Er war unsicher. Angetan vom Beweis eines großen Vertrauens der höchsten Personen des königlichen Hauses kamen ihm auch Zweifel, Bedenklichkeiten, ob er einem solchen Amte vorstehen sollte. Schon eine längere Zeit hatte er erwogen, seine Professur für Geburtshilfe an der Akademie und die Direktion des Entbindungsinstituts niederzulegen. Er hatte diese Arbeit zunehmend als Bürde empfunden, war ihrer überdrüssig geworden. Nun wurde ihm eine erfreuliche Zukunft vorgestellt. Würden ihm aber die strengen Regeln am Hofe, die Zere-

monien, die vielfältigen Beschwernisse der Leibärzte, von denen er hatte reden hören, nicht neue
Beschränkungen auferlegen? Er dachte an Goethe,
mit dem er Briefe wechselte, wissenschaftliche
Abeiten austauschte, der ihn auch als Künstler
schätzte. Goethe – ein Vor- und Leitbild seiner
eigenen Lebensgestaltung. Auch er hatte diese
Entscheidung einst treffen müssen: »ob nach Hof
oder nicht nach Hof«, und hatte lange das Für
und Wider erwogen. Carus konnte sich heute nicht
entscheiden.

Am nächsten Tage bat er Kreysig um eine Un-
terredung. Dem hoferfahrenen Leibarzt gelang es
schließlich in einem langen Gespräch, die Beden-
ken von Carus zu zerstreuen. Das strenge Zere-
moniell und die allzu steife Etikette hielte man
unter Anton nicht mehr aufrecht, und weitere Veränderungen zum Guten stünden bevor. Carus
nahm das Amt an.

Am 22. September, es war ein sonniger, fast
windstiller Tag, wurden er und Francke mit Kreysig und dessen Frau in einer Kutsche an das links-
seitige Elbufer nach Zschachwitz gefahren. Am
Ufer hielt eine Gondel, in der sechs Ruderer in gel-
ber und blauer Fischerlivree sich anschickten, die
Ankömmlinge über den Fluß zu bringen. Als Carus, etwas steif vom Sitzen, die Kutsche verließ
und die ankernde Gondel gewahrte, überkam ihn
plötzlich wieder das Gefühl, sich in eine neue
Abhängigkeit zu begeben. In einer gewissen Be-
klommenheit erlebte er die Überfahrt. Die Gondel
hatte die baum- und strauchbewachsene Insel pas-
siert und näherte sich nun dem Wasserpalais mit
seinen geschweiften, an chinesische Bauweise an-

klingenden Dächern. Nachdem das Schiff angelegt hatte, betraten sie die anmutig geschwungene Freitreppe. Ein Höfling begrüßte die Ankommenden und geleitete sie in das behaglich eingerichtete Zimmer der Leibärzte. Schließlich erschien Graf von Vitzthum, sächsischer Minister und Geheimer Hofrat, dessen Familie zu Carus Patienten zählte, und führte ihn und Francke von Zimmer zu Zimmer, wo er sie den anwesenden Herrschaften vorstellte. Bemerkenswert fand Carus den Bruder des Königs, Prinz Maximilian, Vater der Prinzen Friedrich August und Johann. Der Hochbetagte war ein passionierter Musikliebhaber, der auch selbst immer noch musizierte. Ferner beeindruckte Carus die einäugige Gemahlin Antons, Königin Therese, eine Tochter Kaiser Leopolds, die er für eine ziemlich klar sehende Frau hielt. Anton selbst gab sich ungekünstelt. Er hoffe, sagte er in humorigem Ton, den »Doctores« nicht viel zu tun zu geben. Und so waren sie nach einer halben Stunde entlassen ...

Carl Gustav Carus stand inmitten des mit stilvollen Möbeln eingerichteten Zimmers der Leibärzte. Er betrachtete die Intarsien an den Flügeltüren eines Schrankes. Sie zeigten geometrisch angeordnete pflanzliche und tierische Gebilde in seltsamer Verschlingung; helles in dunklem Holze. Er zog sich den Chippendale-Stuhl ans Fenster, um den Blick auf die Elbe zu haben, hoffte, in Betrachtung der besonnten Landschaft zur Ruhe zu kommen.

Unerwartet hatte sein Leben eine jähe Wendung genommen. Seine neue Stellung war ehrenvoller. Er hatte das Perpetuum mobile einer Entbindungsanstalt nicht mehr am Hause, und die Plage, zum zwanzigsten und dreißigsten Mal die Anfangs- gründe der Hebammenkunst vorzutragen, war vorbei. Für seine ausgedehnte Praxis, die er ja be- hielt, und vor allem für seine wissenschaftlichen und künstlerischen Arbeiten hoffte er, nun mehr Zeit zur Verfügung zu haben.

Carus blickte hinaus auf den vorbeifließenden Strom, die von den Wassern umspülte Insel vor dem Schloß. In den Scheiben der Fenster spiegelte sich schemenhaft sein Kopf. Sein Gesicht wie ver- größert, Linien und Furchen vertieft. Wie eine Woge überflutete ihn jetzt Erinnerung...

MIT FÜNFUNDZWANZIG
AKADEMIEPROFESSOR

VOR dreizehn Jahren war er als Professor für Geburtshilfe an die Chirurgisch-Medizinische Akademie in Dresden berufen worden. Bei trübem Wetter und Schneegestöber traf er am Abend des 2. November 1814 in einer schlecht verwahrten Kutsche zusammen mit seiner Mutter, seiner Frau Karoline und den ältesten Kindern Charlotte und Albert in Dresden ein. Er kam aus Leipzig, wo er unter Professor Joerg Assistenzarzt am neu gegründeten Trierschen Institut – der heutigen Universitäts-Frauenklinik – und gleichzeitig Armenarzt gewesen war. Zudem hatte er an der Leipziger Universität als erster Vorlesungen über vergleichende Anatomie gehalten. Der Abschied von seiner Geburtsstadt war ihm schwer gefallen. Die Familien der Armen beklagten seinen Weggang mit Tränen in den Augen.

Das Entbindungsinstitut war in der an das Kurländer Palais anschließenden ehemaligen Oberzeugmeisterwohnung untergebracht. Die Carusfamilie wohnte in der Klinik. Die Eltern besaßen Zimmer im Dachgeschoß. Der Vater, ein selbständiger Färbermeister, war erst nach einem Jahr von Leipzig aus nachgezogen. Mitbewohner waren die Oberhebamme, und für die Dauer eines Lehrganges kamen auch die Hebammenschülerinnen hier unter. Carus hält es seiner einfachen, gutmütigkindlichen Sinnesart zugute, daß er das enge Beieinander all der Menschen, die zuweilen »überniederländischen Scenen«, wie sie in einem Entbindungsinstitut vorkommen, ertragen konnte. Seine Frau, sie hatte am 31. November eine weitere Tochter, Marianne, zur Welt gebracht, über-

Straßenansicht vom Geburtshause des C. G. Carus in Leipzig, Ranstädter Steinweg 14, 1928.

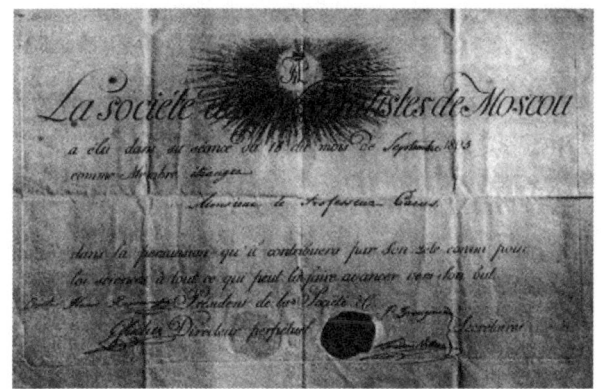

Urkunde über die Aufnahme von Carl Gustav Carus in die Naturwissenschaftliche Gesellschaft zu Moskau, 1805.

nahm zudem die Verpflegungsverwaltung – auch im eigenen ökonomischen Interesse. Das Gehalt ihres Mannes betrug bei freier Wohnung gerade 500 Taler.

Ein Jahr war vergangen, da begann er an zwei Werken zu arbeiten, die nach seiner Meinung am meisten im Großen gewirkt haben und von den Ärzten am häufigsten benutzt wurden. Das eine, »Lehrbuch der vergleichenden Zootomie«, handelte von der »wunderbaren Verschiedenheit im inneren Bau tierischer Geschöpfe«. Das andere, »Lehrbuch der Gynäkologie«, beschrieb »die geheimnisvolle Natur des Weibes im gesunden und kranken Zustand, und zwar ebenfalls aus dem Ganzen und als Ganzes«. Trotz der Arbeit und Quälerei, die solche Vorhaben mit sich brachten, fand er noch Zeit, die schöne Umgebung Dresdens zu erkunden und sich an ihr zu erfreuen. Dabei zeichnete und malte er, was ihm gefiel.

Im Frühjahr 1816 überfiel ihn eine schreckliche Heimsuchung. Ein in der Stadt grassierendes Scharlachfieber ergriff zuerst seine Tochter Charlotte, danach ihn selbst. Beide genasen. Aber nun erkrankte sein dreijähriger Sohn und starb binnen kurzem am 11. Mai.

Mit Hilfe der Kunst erholte sich Carus langsam von diesem Leid. Und selbst seine wissenschaftlichen Arbeiten für vergleichende Anatomie und Gynäkologie konnte er mit aus der Resignation des Lebens gewonnener Klarheit fortsetzen.

FEIERLICHE EINWEIHUNG
DER CHIRURGISCH-MEDIZINISCHEN
AKADEMIE

INZWISCHEN war König Friedrich August I. aus seiner »Ehrenhaft« im Schloß Friedrichsfelde bei Berlin in das um die Hälfte verkleinerte Sachsen nach Dresden zurückgekehrt. Die noch unter dem russischen Fürsten Repnin-Wolkonski aufgestellten Statuten der Chirurgisch-medizinischen Akademie wurden ihm vorgelegt und bereits am 17. Oktober 1815 unterzeichnet. Somit war auch Carus' Stellung gesichert. Am nächsten Geburtstag des Königs, am 3. August, fand die feierliche Einweihung statt. Die Festrede hielt Carus über »Die fossilen Reste urweltlicher Tiere«. Das exotische Thema fesselte die Zuhörer, und Carus wurde zum ersten Male bei Hofe bekannt. Ein Gelehrter war auf ihn besonders aufmerksam geworden: Friedrich Ludwig Kreysig, Leibarzt des Königs und Professor der Inneren Klinik. Kreysig begleitete von nun an die wissenschaftlichen Arbeiten seines jungen Kollegen, und er schätzte auch dessen Malerei.

An jenem 3. August wurde Carus auch als Künstler bekannt. In einer am selben Tage eröffneten Kunstausstellung wurden vier Bilder von ihm gezeigt, zu denen Frau Karoline aus einem Antiquariat geeignete Rahmen beschafft hatte. Diese Arbeiten beeindruckten auch Caspar David Friedrich, mit dem ihn später eine vieljährige Freundschaft verband.

Bei alldem war ihm der tägliche Beruf keine bloße Last. Er mußte sich nicht überwinden, um, wie er schreibt, von seinen wissenschaftlichen Arbeiten hinweg »hinabzusteigen zu meinem Lehrzimmer und mich auch da wirklich herabzulassen zu den schwachen Fassungskräften meiner Schülerinnen und zu den oft nicht viel stärkeren so mancher unter diesen Chirurgen und Militärärzten. Es war ein großes Maß von Berufstreue in mir für dieses Wirken!«. Carus wußte, wie wichtig ein guter Unterricht war. Nach dem zweiten Jahr seiner Professur wurde ihm eine Zulage bewilligt, aber erst gezahlt, nachdem er in einer Bittschrift vom 26. Juni 1816 erwähnte, daß ihm eine gleiche Professur in Halle mit günstigen Bedingungen angeboten worden sei.

Am 23. April 1817, dem Geburtstag Shakespeares, wird ihm wieder ein Sohn geboren und, wie Carus in seinen Notizen festhielt, der schmerzliche Verlust seines Knaben vom Jahre 1816 glücklich ersetzt.

Ein Jahr darauf (1818) veröffentlichte er sein »Lehrbuch der Zootomie« bei Gerhard Fleischer in Leipzig. Ein Exemplar des Werkes schickte er an Goethe »als geringen Dank für unnennbare Anregung und ein großes Vorbild auch im naturwissenschaftlichen Vortrag.« Dieser lobte das Buch in einem Antwortschreiben vom 23. März 1818: »Ew. Wohlgeb. Sendung kommt mir zu einem glücklichen Moment. Ich nehme nun mit desto mehr Zuversicht meine alten Papiere vor, da ich sehe, daß alles, was ich in meiner stillen Forschergrotte für recht und wahr hielt, ohne mein Zutun nunmehr ans Tageslicht gelangt.« –

Friedrich August als Kurprinz Friedrich August III.

So entwickelte sich eine Korrespondenz über 14 Jahre hinweg.

In Gedanken an jene Zeit erinnerte Carus sich der Anstrengungen, welche seine amtliche Stellung mit sich brachte, der Nachtwachen bei manchen schweren Operationen, der Überlandfahrten zu Kranken und Kreißenden bei Tag und bei Nacht, der vielen Lehrstunden des täglichen Unterrichts und der täglichen Klinik, dabei der schriftstellerischen Arbeiten und Korrespondenzen und, als Erholung, der zuweilen wohl auch ermüdenden Fußpartien sowie der künstlerischen Tätigkeit an der Staffelei. Er bestaunte selbst seine Produktivität und den Mut, mit dem er alle Aufgaben bewältigt hatte.

1820 konnte er sein zweibändiges »Lehrbuch der Gynäkologie« in Druck geben. Es erschien wieder bei G. Fleischer in Leipzig. Darin äußerte er sich auch über die Eigenschaften, die ein Frauenarzt besitzen müsse: »Außerdem hat das Betragen des Arztes sich insbesondere nach weiblicher Individualität zu fügen. Es ist die Aufgabe einerseits, zart und würdig den Frauen zu begegnen, damit sie es wagen mögen, vertrauensvoll selbst Geheimnisse, welche weibliche Schamhaftigkeit sonst gern verbirgt, dem Arzt offen darzulegen. Andererseits ist aber auch Scharfblick, sichere Ordnung im Krankenexamen und vielfache Umsicht nötig.«

Später heißt es allerdings: »Das eigentliche Feld der Wissenschaft und Spekulation, die Schärfe des Urteils, die Tiefe männlicher Vernunft, sind der weiblichen Seele unzugänglich«.

Lehrbuch
der
Gynäkologie,
oder
systematische Darstellung der Lehren

von Erkenntniß und Behandlung eigenthümlicher gesunder
und krankhafter Zustände, sowohl der nicht schwangern,
schwangern und gebärenden Frauen, als der Wöchnerinnen
und neugebornen Kinder.

Zur
Grundlage akademischer Vorlesungen,

und zum Gebrauche für praktische Aerzte, Wundärzte
und Geburtshelfer,

ausgearbeitet
von
Carl Gustav Carus,

Dr. der Philosophie, Medicin und Chirurgie, Professor der Entbindungskunst
an der medicinisch-chirurgischen Akademie zu Dresden und Director des
dasigen Königl. Sächs. Hebammeninstituts, der Kais. Leopoldin. Akademie zu
Bonn, der physikalisch-medicinischen Gesellschaft zu Erlangen, der Gesellschaft
naturforschender Freunde zu Berlin, der naturforschenden zu Leipzig, der Kön.
Sächs. ökonomischen und der mineralogischen zu Dresden Mitglied.

Zweiter Theil.
Mit zwei Kupfertafeln, einer Tabelle, und einem
Schwangerschaftskalender.

Leipzig, bey Gerhard Fleischer.
1820.

ARZT IN »HÖHEREN KREISEN« – PSYCHOLOGISCHE MERKWÜRDIGKEITEN

IM November 1819 brachte Carus' Frau eine weitere Tochter zur Welt – Cäcilie Karoline. Es war, als habe dieses Kind eine neue Phase im Leben von Carus angekündigt. Hochgestellte Familien zogen ihn jetzt als Arzt zu Rate, vertrauten sich seiner Kunst an. Er war nach seiner Meinung aus dem Volk hervorgegangen. Das Volk in seinen niederen Regionen hatte ihn zuerst und zumeist in Anspruch genommen. Als Leipziger Armenarzt und sodann als Direktor einer hauptsächlich der untersten Volksklasse geöffneten Gebäranstalt hatte er sich einer Menge von Personen und Familien dieser Region vielfach hilfreich und treu teilnehmend erwiesen. Wie ein Traum erschien es ihm zuweilen, wie sich so ganz allmählich aus engstem und anspruchlosestem Dasein seine Stellung und häusliche Existenz entwickelt hatte.

Wichtige Schritte auf dieser Stufenleiter tat er, als sich im besagten Winter 1819/20 die Frau des französischen Gesandten, die Marquise Latour-Maubourg, in seine Behandlung begab und bald darauf die Familie des englischen Gesandten Morrier. So wurde er als Arzt in jene Gesellschaft eingeführt, in der er als Wissenschaftler bereits durch seine Rede bei der Eröffnung der Akademie bekannt geworden war.

Frau Caroline Carus geb. Carus, mit Wolfgang oder Jenny (?),
geb. 12. November 1784 in Dahme (Mark),
gest. 15. März 1859 in Dresden.

Carus erinnert sich nun eines sonderbaren Fal-
les, der damals in seiner Klinik vorkam und wohl
dem Reich des Unbewußten angehörte. Er hatte
diese Begebenheit in einem Brief vom 8. April 1822
festgehalten, in dem es heißt: »Unsere Oberhebamme, eine verständige und gebildete Frau, jetzt
hochschwanger, kümmert sich sehr um ihre Mut-

ter, welche in Adorf schwer krank liegt. Vor einigen Tagen kommt sie zu meiner Frau, weinend und versichernd, diese Nacht müsse ihre Mutter gestorben sein; 2 3/4 Uhr war sie durch ein starkes Klopfen am Bette aufgewacht und sah dann das Brustbild einer weiblichen Gestalt vor ihren Augen durchs Zimmer schweben. Am anderen Morgen kommt nun ein Brief, den man ihr selbst noch verheimlicht; aber bald erzählt uns ihr Bruder, die Mutter sei wirklich in jener Nacht 2 3/4 Uhr gestorben. – Es bewegt sich doch noch eine eigene geheimnisvolle Welt hinter dem Vorhang dieser Zeitlichkeit!« Er las einen weiteren Brief zum selben Thema, den er am 23. Mai kurz nach Friedrich Augusts I. Tod an Freund Regis geschrieben hatte: »Vom Verscheiden unseres alten Königs soll ich Ihnen schreiben? Ja, darüber wäre freilich mehr zu sagen, als ich jetzt schreiben werde. – Es war 2 Tage vor seinem Tode, da ging ich nebst Frau bei Sonnenuntergang über die Brühlsche Terrasse. Es war ein herrlicher Abend, wir standen oben an der großen Treppe, die Mondsichel leuchtete schon über dem Schloßturm und hinter der katholischen Kirche fiel heller rötlicher Abendschein in die Königsfenster, daß sie alle recht golden erglänzten. Da sagte ich unwillkürlich: Da leuchtet die Sonne unserem alten König heim. Und in diesem Augenblick frappiert mich das Wort selbst, als wäre es eine Prophezeiung und als müsse er nun wirklich sterben, da es doch gerade den Tag wieder besser ging. – Wie ich nun zwei Tage später zu Hause kam und mir Marianne im Garten gleich entgegen kam: Vater, der König ist tot – es war mir eine sonderbare Erschütterung.«

DIE PREISFRAGE

IM Frühjahr 1823 erhielt Carus von der Kopenhagener Akademie für seine eingesandte Schrift: »Von den äußern Lebensbedingungen der weiß- und kaltblütigen Tiere«, worin er neben anderem die Polkörperchen in den Eiern der Teichhornschnecke beschrieb, eine goldene Medaille. Damit hatte es folgende Bewandtnis: Die Beantwortung einer von der Akademie ausgesetzten Preisfrage sollte einen Streit entscheiden, ob gewisse niedere Geschöpfe innerhalb des menschlichen Leibes fortleben könnten. Anlaß des Streites war ein Krankheitsfall aus einem Kopenhagener Hospital. Eine Patientin klagte über angebliche Bewegungen lebendiger Tiere in ihrem Inneren. Zudem litt sie neben vielem anderen an Hautabszessen, die an verschiedenen Körperstellen auftraten, und aus welchen jedesmal Nähnadeln herausgezogen werden mußten, wonach die Wunden abheilten. Eine in der Fachpresse veröffentlichte Hypothese besagte, die Kranke habe als Kind wohl solche Nadeln verschluckt, die sich nun einen Ausweg suchten.

Endlich, nach fast zehnjährigem Krankenhausaufenthalt, und lange nach der aufgegebenen Preisfrage, erkannte man, daß die Patientin sich selbst alle diese Nadeln eingestochen hatte, um später das Vergnügen zu haben, deren Herausschwären von vielen Ärzten höchlich bewundert zu sehen.

Zudem hieß es, sie habe in der Nähe des Direktors bleiben wollen, zu dem sie eine verborgene Neigung hege.

Carus brachte die Medaille zu einem Wechsler, nachdem er einen Abguß hatte anfertigen lassen. Von dem Erlös kaufte er sich ein Reitpferd, auf dem er gewöhnlich in früher Morgenstunde (die einzige, die ihm zumeist frei blieb) ausritt, um die schöne Landschaft zu genießen.

Seine praktische ärztliche Tätigkeit war nun ziemlich umfänglich geworden. Auch reiche fremde Familien zogen ihn öfter zu Rate. So stiegen seine Einkünfte beträchtlich. Einer Frau aus einer russischen Familie, die jährlich etwa 100 000 Taler bezog, half er bei einer schwierigen Entbindung, wofür er Arbeiten aus Platin erhielt, die fortan sein Heim schmückten.

In diesem Sommer (1825) kam er auch mit Carl Maria von Weber, »dieser musikalischen Summität«, zusammen. In einer Soirée, zu der Carus geladen war, gab man ein Klaviertrio von Beethoven. Carus, neben Weber auf dem Sofa sitzend, ließ sich, von der Musik beeindruckt, zu taktierenden Bewegungen hinreißen, mit denen er den Maestro offensichtlich inkommodierte.

WISSENSCHAFT UND KUNST –
DER ROSENFARBENE BARON

IM Jahre 1826 erschien in Leipzig das erste Heft von Carus' »Erläuterungstafeln zur vergleichenden Anatomie«. Goethe schickte ihm darauf ein Glückwunschschreiben: »Weimar, 1826 – Wenn ich das neueste Vorschreiten der Naturwissenschaften betrachte, so komme ich mir vor wie ein Wanderer, der in der Morgendämmerung gegen Osten ging, das heranwachsende Licht mit Freuden anschaute und die Erscheinung des großen Feuerballs mit Sehnsucht erwartete, aber doch bei dem Hervortreten desselben die Augen wegwenden mußte, welche den gewünschten, gehofften Glanz nicht ertragen konnten. Herrn Carus' Werk, das die Andeutungen alles Werdens von dem einfachsten bis zu dem mannigfaltigsten Leben durchführt und das große Geheimnis mit Wort und Bild vor Augen legt: Daß nichts entspringt, als was schon angekündigt ist, und daß die Ankündigung erst durch das Angekündigte klar wird, wie die Weissagung durch die Erfüllung«. Carus ist von Rührung ergriffen.

Doch auch in Dresdens Umgebung konnte er jetzt viel Schönes erleben, indem er sich ein Zweigespann anschaffte. – Unter seinen alten Papieren fand er Aufzeichnungen über einen Ritt durch das Tal der Prießnitz. »Tausende von Bildern«, heißt es dort, »standen heute vor mir! Lichtwirkungen, wie sie kein Maler erreicht, tüchtige rei-

Bildnis des Prinzen Johann um 1830.

che Formen massenhaft zusammengedrängter
Fichten, Kiefern, Buchen und Felsen, feuchte
Moosbekleidung und wunderlichstes Wurzelwerk;
ich schwamm durch ein Meer reizender Erscheinungen. – Wer verstände die Künste selbst nicht
vielmehr nur als Übergangspunkt zu höherer Erkenntnis. Wird es mir doch seit einiger Zeit mehr
und mehr deutlich, daß, was mir in Betrachtung

landschaftlicher Natur begegnet, auch vollständig so im Gewahrwerden von Geschichte und Leben sich ereignet.«

Und Leben fand er immer von neuem in der Natur. So gelang ihm in jenem Sommer die Entdeckung des Blutkreislaufs in den Insekten, den George Cuvier »emsig, jedoch vergeblich« gesucht hat. Carus erhielt dafür vom Institut de France in Paris die goldene Montyon-Medaille mit eingraviertem Namen. Seine Entdeckung legte er sogleich der Versammlung der Naturforscher und Ärzte vor, die am 19. September 1826 in Dresden stattfand. Freunde nannten ihn scherzhaft den »Harvey der Insekten«. An der Sitzung nahm auch der an den Wissenschaften sehr interessierte Prinz Johann teil. Die Königliche Hoheit wurde vom ersten Geschäftsführer in einer kurzen Rede begrüßt. Später ließ sich Johann von Carus dessen Entdeckung ausführlich erläutern. Für die zahlreichen Gelehrten gab es ein Festmahl auf dem Gelände des Linckeschen Bades. Am Abend vergnügte sich die Gesellschaft schließlich in geschmückten, mit Böllerschüssen begrüßten Gondeln…

Und nun, das Jahr 1827! Carus gehörte zu den beschäftigtsten Ärzten Dresdens. Längst ging er ein und aus in den Häusern reicher und einflußreicher Familien. Jetzt aber riefen ihn auch Angehörige der ersten, zum Hofe in naher Beziehung stehenden Geschlechter – das gräflich Einsiedelsche und Vitzthum' Haus und andere. Noch mehr, glaubte er, hätte ihn die Bekanntschaft zu einem Baron von Mahlzahn in die elegantesten Gesellschafts-

König Anton, 1827.

kreise eingeführt. Der Baron, er wurde der Rosen-
farbene genannt, war ein welterfahrener Mann, ein
Meister im Schießen, Jagen und Spielen. In Lon-
don hatte er die Tochter eines begüterten Brauers
geheiratet und sich schließlich in Dresden ange-
siedelt. Carus betreute die hochschwangere Frau
und wurde von da an allmählich zum täglichen
Besucher. Die Baronin gebar bald einen Knaben.
Nun lud man Carus auch zu Abendgesellschaften
ein. Eines Tages war er Zeuge jener Wette, die dem

Baron seinen Beinamen verschaffte. Er würde, kündigte der Hausherr an, einen »vom Hut zum Schuh ganz rosenfarbenen Anzug acht Tage unausgesetzt auf Markt und Straßen tragen, ohne Aufsehen zu erregen«. Das gelang ihm. Carus bemerkte später: »Daß ich bei alledem das Hohle und Frivole des Treibens einer nur sogenannten großen Welt, welche doch eigentlich klein und eng ist, schnell soweit überblicken konnte, um stets mit wahrer Lust in mein Haus und mein stilles Studierzimmer zurückzukehren, wird man mir wohl ohne weiteres glauben.«

Und jetzt war er Leibarzt Seiner Majestät des Königs von Sachsen geworden. Er hatte wieder das Bild des Königs vor Augen: Ein gütiger alter Herr, die kurz geschnittenen Haare gewellt, erschlaffte Wangen durch eine scharfe Falte zwischen Nase und Mund abgegrenzt. Aber Krankheiten oder Vorboten davon waren ihm nicht anzusehen. Seine Gestik erschien Carus sogar jugendlich. – Der Morgen graute schon, als Carus seine Gedenkbücher und Notitzhefte zusammenpackte und sich schlafen legte.

LEIBÄRZTLICHE PFLICHTEN UND
ANNEHMLICHKEITEN

CARUS mußte seine Dienstwohnung in der Klinik räumen. Er zog in ein Eckhaus an der Moritzstraße und Landhausgasse, wo er die zweite Etage bewohnte. Allerdings hatte er nun den Blick in den Hof des Landhauses anstatt der früheren Aussicht zur Elbe. Dafür besaß er neben einem Arbeitszimmer ein Malzimmer und sogar ein anatomisches Kabinett.

Am 7. Oktober trat er, sich mit Francke abwechselnd, zu den formellen Besuchen am Hofe an. Dazu mußte er die vorgeschriebene Hofkleidung tragen, zu der ein brauner Rock mit goldbesponnenen Knöpfen, seidene Strümpfe und Schnallenschuhe gehörten. Der König selbst sagte ihm: »Wenn Sie ein paarmal in der Woche nachsehen, ob ich noch lebe, so ist's schon gut.« Als Leibarzt war er zugleich als Hof- und Medizinalrat Mitglied des Kollegiums der Landesregierung, wo er am 2. November, dreizehn Jahre nach seinem Einzug in Dresden, eingeführt wurde. Dort hatte er einmal wöchentlich von 9 bis 12 Uhr Session. Diese Sitzungen waren ihm eine Bereicherung seiner Lebens- und Menschenerfahrung.

Seine Hoffnung auf den Beginn einer Periode stiller, mehr innerlicher Tätigkeit zerschlug sich jedoch vorerst.

Am Abend seines Geburtstages am 3. Januar trat

mit der Dämmerung seine Mutter ins Zimmer und brachte ihm einen soeben von Berlin angelangten Brief. Darin wurde ihm angetragen, die Professur der Klinik für Therapie anzunehmen. Äußerst glänzende Bedingungen wurden geboten. Die Professur allein verhieß 5000 Taler Gehalt. Carus war erregt, sein Willen gespalten. Mit Macht drängte es ihn, sich der schon frühzeitig erwählten akademischen Lehrtätigkeit nicht länger zu verschließen. Er bezichtigte sich der Feigheit, eine so große und weite Wirksamkeit, wie sie ihm Berlin bieten würde, schlechthin abzulehnen. Und gleichzeitig war er sich im Klaren darüber, nähme er an, »möchte es wohl mit dem stillen Forschen im Reiche der Isis wie mit aller Freude an der Kunst für immer vorbei sein«.

Weil er zögerte, kam sein Berliner Freund, der Geheimrat Schulze, persönlich nach Dresden. Doch auch der Oberkämmerer des Königs sicherte ihm ein verbessertes Einkommen zu. Und erstaunlich: Carus hatte bereits jetzt ein Gefühl der Dankbarkeit und eigentümlichen Verehrung, das ihn dem königlichen Hause verpflichtete. Er lehnte die Berufung ab.

Zu seinen Pflichten als Leibarzt gehörte es auch, Angehörige der königlichen Familie auf Reisen zu betreuen. Jetzt erhielt er die Aufforderung, Prinz Friedrich, den künftigen Thronfolger, auf dessen bevorstehender Italienreise zu begleiten.

Die Dienstreise begann früh gegen vier Uhr, wo er sich im Vorzimmer des Prinzen auf dem Schlosse zu Dresden einfand. Schon waren die Reisegefährten versammelt, Lakaien standen oder liefen umher – die Order zum Aufbruch wurde augenblicklich erwartet. Seine Arzttasche mit Instrumenten und den Medikamentenkoffer hatte Carus in der Nähe seines Sitzes untergebracht. Auf dieser Reise mußte er aber nur Bagatellfälle behandeln. Die Route führte über Prag, Wien und Venedig nach Florenz, von da nach Rom und Neapel und schließlich wieder nach Florenz. Über die Schweiz ging es zurück nach Hause. Carus wollte im schönen Land »dove il si suona«, möglichst viele Kunstwerke sehen, wissenschaftliche Sammlungen und Fachkollegen besuchen. Doch die Amtspflichten ließen das nicht immer zu. So notierte er in Florenz: »Kaum hier angekommen, wurden wir zur großherzoglichen Tafel gezogen, und so konnte mein Streben, in der Stadt mich auf eigene Hand etwas umzutun, mir erst gegen Abend genügt werden, wo ich einen Kreuzzug dieser Art unternahm.«

Durch täglichen Umgang wurde ihm die Person des Prinzen allmählich vertrauter. Er fand in ihm einen ernsthaften Mann, der Dinge und Verhältnisse gründlich überdachte. Der Prinz besaß eine angenehme Baßstimme, und in seinen Reden und Vorträgen wirkte er beinahe anmutig. Sein Haaransatz an der Stirn war schon etwas zurückgewichen, was er durch Vorkämmen der seitlichen Haare zu kaschieren suchte. Am Kinn zeigten sich erste Fettpölsterchen. Wie sein verstorbener Onkel Friedrich August I. liebte er Botanik und Naturkunde. Mit Carus unterhielt er sich gern über die Fauna der italienischen Landschaft, aber auch über die Gestaltung des Pillnitzer Parkes. Er war stolz auf den Besitz der berühmten Kamelie (Camelia japónica), die schon 1770 aus Ostasien nach Pill-

Die sechs Caruskinder, 1828.

nitz gebracht worden war und als einzige von vier
nach Europa verpflanzten Exemplaren hatte erhalten werden können. Und Carus dachte an das
Bonmont: Die sächsische Dynastie wurzelt nicht
im Volke, sondern im Park von Pillnitz.

Bald nach der Rückkehr des Prinzen aus Italien
bezog die königliche Familie ihr Schloß in Pillnitz.
Carus bewohnte das Zimmer der Leibärzte, das er
schon kannte; in dem er jene Nacht verbracht und
über sein bisheriges Dresdner Leben nachgedacht
hatte. Er schrieb dort seine Tagebücher und Kran-
kenjournale, studierte Abhandlungen über neue
Heilmethoden. Als er dabei war, den Inhalt der in
Reihen angeordneten porzellanenen Arzneigefäße
auf Vollständigkeit zu überprüfen, fiel sein Blick
auf ein beigefarbenes Gefäß, auf dessen bauchiger

Oberfläche die sich aufwärts ringelnde grünliche Schlange der Hygiea abgebildet war. Sie gefiel ihm als Symbol seines Berufes, aber auch wegen der gelungenen künstlerischen Darstellung.

Wider Erwarten vermißte Carus die Lehrtätigkeit sehr. So beschloß er im Winter 1828/29, Vorlesungen über Psychologie vor Künstlern, Beamten, Offizieren und Wissenschaftlern zu halten: »Ich stand in diesem Winter trotz der Kälte und trotz aller täglichen Anstrengungen meines ärztlichen Berufes stets früh um 4 Uhr auf, und mit rührender Sorgfalt erschien schon in so früher Morgenstunde bei mir mein gutes Mütterchen, welches es sich nicht nehmen ließ, für erste Erwärmung des Zimmers und den Frühkaffee selbst zu sorgen, und so arbeitete ich denn jede Vorlesung gleich vor dem ersten Vortrag schon so vollständig aus, wie sie nachher in der später danach herausgegeben Druckschrift dem Publikum sämtlich vorgelegt worden sind.« Carus hatte zu diesem Thema umfangreiche Literaturstudien betrieben. Aber er fand nichts Brauchbares. Er wollte das genetische Prinzip, das seinen anatomischen Forschungen zugrunde lag, auch auf die Erforschung der menschlichen Seele übertragen. – Der Mediziner und Naturphilosoph Lorenz Oken sagte später, daß mit diesem Werk »der Embryo der Psychologie wirklich auf die Welt gekommen sei«.

In jenen Tagen interessierte Carus auch ein anderes Phänomen. Es war die neunjährige Clara Wiek aus Leipzig. Sie gab ein privates Konzert in Carus' Wohnung. Carus hält fest: »Sie spielt die schwersten Sachen von Weber, Beethoven und

Bach mit einer Zartheit und Reinheit des Ausdrucks; ist übrigens ganz Kind, und am vergnügtesten bei den Kinderspielen unter anderen Kindern.« Die Gräfin Einsiedel schenkte ihr einen Ring und sorgte für Claras Ruhm bei Hofe.

Schon im Winter 1825/26 hatte Prinz Johann eine Abendgesellschaft gegründet, in der er mit geistvollen und kundigen Männern die verschiedensten Themen erörterte. Carus, der daran teilnahm, nannte er ein treffliches und geistreiches Mitglied. Nun, im April 1830, wurde der Leibarzt vom Prinzen Johann wieder zu einer Abendgesellschaft, der »Accademiea Dantesca«, eingeladen. Johann, inzwischen ein Dantekenner von Rang, hatte soeben seine Übersetzung des »Inferno« beendet, aus der er vorlesen wollte. Alle Geladenen, darunter Wolf Graf von Baudissin, waren gehalten, dem Prinzen nach jedem »Gesang« ihre Ansichten über die Güte der Übersetzung mitzuteilen. Diese Sitzungen wurden über viele Jahre fortgeführt.

CARUS' Pillnitzer Villeggiatur fiel diesmal in die Monate Juli und August. Eines warmen Sommerabends, er war gerade aus der Stadt zurückgekehrt, erfuhr er auf der Elbfähre durch einen Adjutanten des Königs vom Ausbruch der Julirevolution und Vertreibung Karls X. aus Paris. Niemand konnte sich aber zu diesem Zeitpunkt vorstellen, welche Folgen dieses Ereignis für Europa haben sollte.

In diesen Tagen kam der Herzog von Toscana nach Pillnitz und bald darauf auch Alexander von Humboldt. Carus, der gerade mit der Untersuchung hiesiger Flußmuscheln beschäftigt war, wollte darüber mit Humboldt sprechen. Das erfuhr der Großherzog, der wiederum von Humboldt Auskunft über Erdmagnetismus und amerikanische Reihenvulkane einholen wollte. So trafen sich alle drei im Zimmer des Leibarztes. Die klare und genaue Darstellung des berühmten Gelehrten war dann, so Carus, die lehrreichste und faßlichste Abhandlung, die er je aus dem Munde seines Freundes gehört habe.

Ende August brach in Dresden der erste revolutionäre Sturm los. Volksmengen waren vom Großen Garten her vor das Polizeigebäude in der Scheffelstraße gezogen und hatten es besetzt, wobei es in Brand geriet. König Anton, dem sein Bruder nie Gelegenheit gegeben hatte, sich im Regieren zu üben, hatte alle Staatsgeschäfte dem Premierminister Detlev Graf Einsiedel überlassen, einem Repräsentanten des ständisch-altmodischen Systems. Ein spottlustiger Franzose hatte das Königreich Sachsen deshalb als Einsiedelei bezeichnet. Einsiedels Kabinett trat am 13. September zurück. Prinz Friedrich wurde neben König Anton Mitregent. Er bestellte den auch von Carus geschätzten Baron Bernhard von Lindenau zum Kabinettsminister und versprach Sachsen eine Verfassung.

Im nächsten April kam es wieder zu Auseinandersetzungen mit Unzufriedenen. Laternen wurden zerschlagen. Die rasch aufgestellten Bürgergarden konnten die Übergriffe nicht verhindern. Und es war für Carus, der das königliche Haus und insbesondere die jungen Prinzen verehrte und hochhielt, ein ergreifender Anblick, aus seinem Fenster zu gewahren, daß Prinz Johann, dem die Regierung das Kommando sämtlicher Kommunalgarden übergeben hatte, nachdem er zur Schlichtung des heranwachsenden Sturms mit einigen Adjutanten zu Pferde am Gewandhaus gehalten hatte, plötzlich genötigt wurde, der Menge zu weichen. Nun griff Militär ein. Die Aufforderung an die Versammelten, auseinanderzugehen, wurde mit Schmähungen und Steinwürfen beantwortet. Da fielen Schüsse. Mehrere Menschen, nach Carus größtenteils Unschuldige, stürzten, und das Volk verlief sich.

Die vom Prinzen Friedrich vor Jahresfrist zugesicherte Verfassung wurde nun am 4. September vorgelegt. Carus rechnete sie trotz ihrer Mängel zu den besseren.

Um diese Zeit näherte sich Sachsen eine von Rußland über Polen und Preußen kommende Choleraseuche. Die Regierung berief eine Kommission, zu der auch Carus gehörte. Sie tagte wöchentlich drei- bis viermal. Die hauptsächliche Frage war, ob man das Land absperren solle. Die Entscheidung lautete: Ja! Das war eine zumindest beruhigende Maßregel. Die Ursache der Krankheit war noch unbekannt. Carus hielt sie für nicht ansteckend (erst Robert Koch konnte 1848 die Choleravibrionen als Erreger nachweisen). Er hatte jedoch eine Liste der Symptome der Krankheit und geeigneter Schutz- und Heilmittel drucken und verteilen lassen. Glücklicherweise wurde Sachsen diesmal von der Seuche verschont.

Im Spätsommer dieses Jahres hatte sich der Hof nach Pillnitz begeben, und Carus wohnte dort. Für diese Zeit war er von den Sitzungen in der Cholerakommission befreit. Er nahm Gelegenheit, das sogenannte Kugeltierchen, Volox globator, eingehend mikroskopisch zu untersuchen. Der König selbst besuchte Carus auf dessen Zimmer und bewunderte das seltsame Wesen, wenn es in einem Tröpfchen Wasser unter dem Mikroskop, einem rollenden Weltkörper vergleichbar, ruhig dahinzog.

Am 22. März 1832 starb Goethe. Es war Carus, als habe sich die Atmosphäre verfinstert, und es erleichterte ihn, diesmal schon im Frühjahr nach Pillnitz gerufen zu werden. Noch immer mußte er dort von seiner Familie getrennt leben. Nur er als Hofbeamter durfte das Schloß betreten. Um diesen Zustand zu beenden, hatte er sich gerade ein kleines Haus gekauft, das einzurichten ihm gut tat:

»Das Einerlei des Geschäftslebens, wie es meine sehr ausgebreitete Praxis mit sich brachte, machte mir zuweilen, wie in alten Tagen, manche schwarze Stunde. Diese ewigen Repetitionen des Lebens, die doch, weil sie wieder irgendeinem fremden Leben sehr wichtig sind, auch ihren eigenen Ernst fordern, braten mich mitunter an einem gelinden Feuer. Da zuckt und windet sich denn zuweilen die arme Seele an der Lebensnadel wie der Schmetterling an der Todesnadel, und beide werden dabei schwach, bis sie wirklich verenden.«

Zur Verzweiflung bringen ihn mitunter hypochondrische, oft an wahrer Monomanie Leidende, deren groteske Vorstellungen ihn ständig verfolgen. Trost und Kraft findet er vor einem Abdruck von Dürers »Ritter mit dem Tod und Teufel«, der stets neben seinem Pulte hing.

VILLA CARA

IM November hatte Carus eine Villa mit Garten aus dem Nachlaß der Familie Globig in der östlichen Vorstadt Dresdens, Große Borngasse 18, gekauft. Die Villa war reparaturbedürftig. Die Zerstörungen, die sie im Siebenjährigen Kriege erlitten hatte, waren nur notdürftig ausgebessert worden. Doch der innere Baustil, namentlich die Treppenanlage, sagten Carus zu. Der Kauf wurde abgeschlossen, nachdem ihm kundige Freunde, wie die Familie von Einsiedel und der Baron von Lindenau, beraten hatten. Der kommende Winter verging beim Bauen und Einrichten.

Im Frühjahr bezog die Familie Carus das erneuerte Haus. Selbstverständlich war die Villa, insbesondere das Treppenhaus und die Salons, mit von Carus gesammelten Kunstwerken reich geschmückt. Eigene Gemälde zierten ebenfalls die Wände. Das Haus gefiel auch den Freunden. Tieck sprach von einem Plane, Carus daraus zu vertreiben, und Carus antwortete mit dem Wallenstein-Zitat: »Mit Kettenkugeln will ich Sie empfangen«. – Doch auch die Sorgen waren mit ins Haus gezogen. Prinz Friedrich, dessen trübe, quälende Gemütsstimmung von körperlichen Leiden bedingt wurde, wollte nicht gesunden. Carus hielt eine gründliche Brunnen- und Badekur in Marienbad für nötig, wohin der Prinz mit Ge-

Carl Gustav Carus' Haus in der Dresdner Borngasse, 1834.

mahlin und Gefolge Anfang Juni abreiste. Am 6. Juni folgte Carus ihm nach.

Carus war überzeugt, daß die psychische Konstellation seines Kranken starken Einfluß auf dessen körperliche Befindlichkeit habe. Der Prinz hatte bereits als Siebenjähriger den Tod seiner Mutter, Karoline Marie Therese von Parma, verwinden müssen. Sein Onkel hatte ihn dann schon in jungen Jahren in die Regierungsgeschäfte eingeweiht, die er nun selbst als Mitregent unter schwierigen Bedingungen ausübte. Seine erste Gemahlin, Erzherzogin Karoline von Österreich, war verstorben. Carus hielt es für möglich, daß den Prinzen zudem dessen Kinderlosigkeit bedrückte, die auch in der zweiten Ehe mit Prinzessin Maria von Bayern anhielt.

Carus hatte einen auf lange Sicht berechneten Heilplan aufgestellt. Darin setzte er besonders auf die in Marienbad seit 1822 entwickelten Dampf- und Mineralmoorbäder, die der Prinz auch gern aufsuchte. Dazu verordnete Carus Wasser aus den Kreuz- und Ferdinandsbrunnen, die alkalische, eisenhaltige Glaubersalzsäuerlinge enthielten. Gute Wirkung zeigten auch Spaziergänge in der anmutigen Umgebung des berühmten böhmischen Bades, wobei der Leibarzt seinen Patienten dazu brachte, botanische Studien zu betreiben. Darin unterstützte ihn der dortige landesfürstliche Brunnenarzt Heidler, der später in seiner »Flora Marienbadensis« ein Verzeichnis mit Abbildungen der von dem Thronfolger gesammelten und beschrieben Pflanzen herausgab. Schließlich hatte sich die Gesundheit des Prinzen soweit gefestigt, daß die Rückreise angetreten werden konnte.

PRINZ FRIEDRICH WIRD KÖNIG –
CHARLOTTES HEIRAT

$\mathcal{A}$NFANG Juni, Carus hatte Dienst in Pillnitz, wurde er kurz nach Mitternacht vom Kammerherrn des Königs ersucht, sogleich eine Visite bei Anton zu machen, der offenbar schwer erkrankt sei. Carus kleidete sich rasch an, ergriff seine immer bereitstehende Arzttasche und eilte in das Gemach des Königs. Er fand Anton schwer atmend vor. Der Kranke war äußerst unruhig, sein Gesicht bläulich verfärbt und mit Schweiß bedeckt. Die Halsadern waren verdickt als Folge einer Blutstauung in den Lungen.

Carus stellt eine akute Herzschwäche fest. Er entschloß sich, einen entlastenden Aderlaß vorzunehmen. Danach verabreichte er herzwirksame Medikamente. Er ließ die Fenster öffnen und den Kranken in eine bequeme Lage bringen. Schließlich atmete der Patient leichter. Carus verbrachte die Nacht neben ihm, auf einem Stuhle sitzend. Doch in den nächsten Tagen und Nächten verschlimmerte sich der Zustand des Königs wieder. Carus Kollegen, Francke, Kreysig und Hedenus, waren entweder auf Reisen oder selbst bettlägerig. Von ihnen konnte er weder Beistand noch Ablösung erwarten. So harrte er Tage und Nächte bei dem greisen König aus, dessen Lebensfunktionen allmählich erloschen. Carus vermochte wenigstens die Leiden des würdigen alten Herrn zu lindern,

Reliefprofil des C. G. Carus von E. Rietschel.

der am 6. Juni morgens, umgeben von der gesamten königlichen Familie, endlich wirklich den Geist aushauchte und dadurch den Prinzen Friedrich als König Friedrich August II. auf den Thron rief.

Um diese Zeit hatte sich der Bildhauer Professor Rietschel in Carus' Familie einführen lassen. Er wollte eine Büste des Hofrats modellieren. Doch offensichtlich hatte ihn dabei mehr die Carustochter Charlotte angezogen. »Er wollte wohl«, so Carus, »sein durch den Tod seiner ersten Frau verödetes Haus durch eine so schöne Blüte neu beleben.« Kurz: Die Büste gelang, und bereits in der zweite Junihälfte, noch während der allgemeinen Landestrauer, verlobte sich das Paar.

Die Eheschließung fand am 2. November statt. Das Königshaus gratulierte und ließ der jungen Braut eine reich mit Schnitzwerk versehene Truhe aus dem 16. Jahrhundert übergeben. An seinen Freund Regis schrieb Carus über diesen Tag:

»Ach, ich wünschte, Sie hätten sie noch einmal als Braut gesehen! Diese reine jungfräuliche Gestalt mit den schönen braunen Locken, dem Myrtenkranze und sanft herabwehenden Schleier und dem weißen Atlaskleide mit leichtem Überwurf von violetter, mit braunem Pelz zierlich verbrämter Seide! Mir war es eine schwere Fahrt zur Kirche! Dies liebe, liebe Kind so aus meinen Armen zu entlassen! Nun, Gott wende alles zum Besten, sie ist sehr heiter und glücklich.«

Carus' Sohn Albert war zum Studium nach Leipzig abgereist. Sein Haus war dem Hofrat zu weiträumig geworden. Aber noch blieb ihm die Freude am Gedeihen der übrigen Kinder. Besonders die neunjährige Eugenie tröstete ihn. Mit ihrer Anmut und Lebendigkeit verscheuchte sie seine traurigen Gedanken.

Sein Verhältnis zur königlichen Familie fand Carus erfreulich. Die Gesundheit Friedrich Augusts war nach der verordneten Badereise zufriedenstellend. »Die Königin«, so Carus, »umgab ihn mit Liebe und Sorgfalt und veranlaßte auch

König Friedrich August II.

jetzt, wie schon als Prinzessin, vielfältig freiere und geistvollere Unterhaltung, als der königliche Hof seit langem gesehen hatte.« Carus selbst gab in Abendzirkeln kleine Vorlesungen, Tieck trug aus Dramen vor. Überdies sah Prinz Johann fast allmonatlich einmal in der Stunde von 6 bis gegen 9 Uhr kleine Abendgesellschaften von Gelehrten und Künstlern bei sich, an denen zuweilen auch der König teilnahm und in welchen mitunter die interessantesten, freiesten und vielseitigsten Diskussionen zustande kamen.

So sprach man auch über die große Kunstausstellung in Berlin vom Herbst 1836, in der einige Gemälde aus der neuen Düsseldorfer Malschule für Aufsehen gesorgt hatten. Carus, als Vorstand des Dresdner Kunstvereins, veranlaßte zusammen mit dem akademischen Senat, daß diese Bilder, darunter der »Jeremias auf den Ruinen Jerusalems« von Bendemann, nun in Dresden gezeigt wurden, wozu der Ausstellungssaal auf der Brühlschen Terrasse genutzt wurde. Und bald versammelten sich dort die Dresdner Kunstliebhaber. Auch der König, sonst eher den Naturwissenschaften zugeneigt, war von den Bildern angetan. Er veranlaßte durch Minister von Lindenau, daß die Professoren Bendemann und Julius Hübner nach Dresden berufen wurden. Ihnen folgten bald weitere. So wurde die Kunstakademie Dresdens auf eine Höhe gebracht, die sie, laut Carus, unter keinem der früheren sächsischen Regenten erreicht hatte.

Im Sommer des folgenden Jahres mußte Carus den stetigen Ablauf seiner Tage jäh unterbrechen: »Mitten im Strom meiner Tätigkeiten, als ich am 31. Juli

(1837) mittags ganz unbefangen von meinen Besuchen aus der Stadt zurückkehrte, kam mir eilig ein Bote entgegen, meldend, daß der Kämmerer des Königs mich erwarte und wegen Erkranken des königlichen Herrn meine schleunige Abreise sich unbedingt notwendig machen werde.« Der König, so erfuhr er, war, von einer Reise nach Oberitalien zurückkehrend, in Laibach ernstlich erkrankt. Die Dienstpflicht bedrückte Carus diesmal besonders schwer. In wenigen Wochen sollte Charlotte niederkommen, die selbstverständlich mit dem Beistand ihres Vaters gerechnet hatte. Abends 8 Uhr fuhr Carus in einem Eilwagen ab. Er reiste über Teplitz und Prag nach Linz. Von dort ging es unter weiterem Pferde- und Wagenwechsel nach Klagenfurt und weiter über die reißende Drau, bis er am 8. August bei sinkender Sonne in Laibach eintraf. Die sofortige Untersuchung ergab, daß der König an einem »bilosen und nervösen Wechselfieber« litt. Es verlief in Schüben, die mit mäßigem Wohlbefinden abwechselten. Carus unterschied bei jedem Anfall drei Stadien: Schüttelfrost, Fieberhitze und Schweißausbrüche. Der Frost währte eine halbe, Hitze und Schwitzen jeweils vier bis sechs Stunden. Die Ursache der Krankheit glaubte man in giftigen Ausdünstungen bei feuchter, ungesunder Luft zu sehen. (Mutmaßlich handelte es sich bei der Erkrankung des Königs um Malaria. Erst 1880 konnte C. L. A. Laveran den Erreger entdecken.) Carus verordnete dem Patienten Bettruhe solange der Anfall dauerte, Kräutertees und zweckdienliche Diät.

Über den Gesundheitszustand des Königs führte Carus ein Tagebuch. Er hoffte auf baldige Besserung. Schon nach einigen Tagen konnte der König an milden Abenden etwas ausfahren, obwohl das Fieber noch nicht ganz gewichen war. Carus, der ihn begleitete, fand seinen hohen Patienten schon heiterer als noch vor Tagen. Sein fieberhaft gereizter Zustand verlor sich, und am 12. August war die Besserung soweit fortgeschritten, daß die Rückreise angetreten werden konnte. Nach einigen Widrigkeiten – der Wagen des Königs blieb im Gebirge mehrmals stecken und das Königspaar mußte eine Anhöhe zu Fuß hinaufgehen – kamen sie am 23. August wohlbehalten in Dresden an. Schon an der sächsischen Grenze wurde der König von Kommunalgarden, Jagdvereinen und der Schuljugend unter einem Ehrenbogen festlich empfangen.

Am 28. August gebar Charlotte einen Knaben, der den Namen Wolfgang erhielt. Doch schon Anfang des neuen Jahres (1838) erkrankte sie schwer. Ärztliche Hilfe vermochte nichts dagegen zu tun. Am 12. Mai abends gegen zehn Uhr verschied sie. Carus war bis ins Innerste erschüttert.

Im Juni mußte er Prinzeß Johann, der er wegen allerlei Unpäßlichkeiten eine Kur in Franzensbad verordnet hatte, dorthin begleiten. Er nutzte die Heilkraft der Quellen, um sich selbst wieder etwas zu kräftigen. Doch erst die Arbeit stellte ihn wieder her. Seine Hauptaufgabe sah er in der Fertigstellung seines auf drei Bände berechneten Werkes: »System der Physiologie«. Darin verfolgte er das Ziel: »Eine Ansicht aus dem Ganzen, eine zu einem Ganzen vereinte Masse möglichst genau erörterter Tatsachen über menschliches Leben, und in diesem Sinne ein System der Physiologie zu bil-

den, ein System, welches dem Arzte, dem Naturforscher, ja dem Psychologen und Philosophen
eine möglichst klare übersichtliche Erkenntnis von
alle dem gewähren könnte, was unser Inneres an
merkwürdigen, oft nur zu geheimnisvollen Vor-
gängen verbirgt.«

Inzwischen war ein technisches Wunderwerk
fertiggestellt worden: Die Eisenbahnlinie zwischen
Leipzig und Dresden. Am 7. April 1839 nahm Carus als Vertreter der sächsischen Landesregierung
an der Eröffnung der Strecke teil. Er schrieb dazu:
die Staats- und Finanzminister hätten die Nütz-
lichkeit des Unternehmens völlig verkannt und
»keine Ahnung gehabt von den ungeheuern Re-
sultaten, welche Werke dieser Art dereinst und in
der Folge gewähren würden. Diese Erfindung trat
hervor wie Herkules, in der Wiege schon Schlan-
gen würgend, und machte mit Riesenschritten
nach allen Seiten sich Platz.«

ÜBER EINE PILLNITZER
VILLEGGIATUR

*D*EN größten Teil dieses Sommers verbrachte Carus wieder in Pillnitz. Am 3. Juni wurde das dreihundertjährige Jubiläum der in Dresden 1539 eingeführten Reformation festlich begangen. Von Pillnitz aus konnte er an jenem schönen Juniabend die Illumination der Stadt und die von tausend Lichtern und Lampen angeleuchtete Kuppel der Frauenkirche bewundern, die unter dem strahlenden Abendstern rötlich glänzte.

Auch die Dante-Lektüren wurden in Pillnitz fortgesetzt. In den königlichen Gärten hatte Prinz Johann, der sich als Dante-Übersetzer »Philalethes« nannte, diesmal den Chinesischen Pavillon bestimmt, in dem das Dante-Komitee, zu dem auch Tieck und Graf Baudissin gehörten, zusammenkam. »Da saßen wir denn in dem altmodisch verzierten bequemen Gartenzimmer, jeder mit seinem Dante bewaffnet, vor uns die sonnig-heitern Blumenbeete, und hörten von Tiecks sonorer Stimme aufmerksam die von einem Fürsten verdeutschten Verse des Dichterfürsten vortragen.«

Pillnitz war in diesem Sommer aber auch Treffpunkt vieler gekrönter Häupter. Man sah die verwitwete Kaiserin von Österreich, die verwitwete Königin Karoline von Bayern, die Zwillingsschwester der Prinzeß Johann, Kronprinzessin von

*Das Landhaus des
Carl Gustav Carus in Pillnitz.*

Preußen. Alle diese Herrschaften unternahmen am
12. August einen Ausflug in die Umgegend, zu
dem auch Carus eingeladen war. In langen Wa-
genreihen ging es zuerst nach dem Königstein,
dessen Anlagen eingehend besichtigt wurden. Der

Kronprinz von Preußen, den Prinz Johann vertraulich »Dicky« nannte, nutzte dabei die Gelegenheit, sein Gewicht auf einer Schnellwaage feststellen zu lassen. Als ihm der Offizier, der die Gewichte ablas, sagte, daß er gegen früher 30 Pfund abgenommen habe, wurde das als Erfolg der letzten Marienbader Kur gewertet. Später besuchte die Gesellschaft den Bielaer Grund, wo man ein luxuriöses Dinner im Freien einnahm. Gegen Abend durchfuhren die Hoheiten das Städtchen Königstein bis zur Anlegestelle an der Elbe. Auf Schiffen gelangte man dann bis Pirna, wo Hofequipagen die Gesellschaft im Fackelschein nach Pillnitz zurück beförderten. Am nächsten Morgen kam der Kronprinz von Preußen in das Haus von Carus, um sich das Wespennest anzusehen, von dem auf der Heimfahrt die Rede gewesen war. Dieses etwa faustgroße Nest hatten die Insekten an eine Fensterscheibe des Carus' Familienzimmers so angeklebt, daß man den Bau und sein Innenleben gut beobachten konnte. Carus bemerkte, das Nest sei durch ein einziges Wespenweibchen geschaffen worden, worauf der Kronprinz den Staat der Wespen über den der Engländer stellte, da, wie er sagte, Königin Viktoria doch nicht in dieser Vollkommenheit die Stelle einer wahren Landesmutter ausfüllen könne.

An einem nebligen Wochentage machte Carus die Bekanntschaft einer für ihn bedeutsamen Frau: Ida von Lüttichau. Es war der 18. Oktober. Carus wartete im Vorzimmer des Dresdner Schlosses auf den König. Da trat Geheimrat von Lüttichau, Intendant des königlichen Theaters, ein und bat ihn,

Ida von Lüttichau geb. von Knobelsdorf, 1856.

die Behandlung seiner schwerkranken Frau zu
übernehmen. Carus besuchte die Kranke noch am
gleichen Tage, und es gelang ihm, nach und nach
eine Besserung in ihrem Befinden zu bewirken. Er
empfand es dabei als Glück, in eine der »edelsten
weiblichen Seelen und einen mit den Blüten ältester sowohl als neuester Literatur reichgenährten
Geist« tiefer zu blicken. Ida von Lüttichau kannte
Tieck schon lange, der sie für fähig hielt, als
Schriftstellerin zu wirken. Sie hatte großen Einfluß
auf Carus, der ihr später Arbeiten im Manuskript
vorlas und sich mit ihren Entgegnungen schöpferisch auseinandersetzte.

BERLIOZ UND DIE
GROSSFÜRSTIN HELENE

$\mathcal{N}$ACH einem warmen Winter, der schon im Februar Krokusse und Schneeglöckchen im Garten der Villa Cara hervorbrachte, erlebte die Dresdner Musikwelt einige Konzerte von Hector Berlioz, die Carus beeindruckten: »Es war das erstemal, daß ich diesem seltsamen Geist begegnete. Wunderlich – romantisch – äolsharfenartig – zuweilen auch etwas Karikatur! Das Ganze fast in E.T.A. Hoffmanns Manier, aber doch bedeutend! Etwas von dem, was mir lange im Geiste vorgeschwebt hat. Ich sagte, als ich während der Pause zu Frau von Lüttichau in die Loge kam: ›Das ist der Schrei der Kreatur nach einer neuen Musik!‹. Die Franzosen gehen doch überall als Tirailleurs voraus, aber das Ausbauen und Ausbilden muß woanders herkommen; hier wohl dereinst von den Deutschen! Etwas von diesem prophetischen Spruch hat sich unleugbar später in Richard Wagners größern Werken erfüllt.«

Zu weiteren Persönlichkeiten, die Carus um diese Zeit kennenlernte, gehörte die russische Großfürstin Helene, die in diesem Frühjahr in Dresden weilte. Neben ihrer Schönheit bewunderte Carus, durchaus empfänglich für weibliche Reize, ihren Intellekt. Sie besuchte ihn mit ihren Töchtern in seinem Haus, um sich seine kranioskopische Sammlung anzusehen, die er seit längerer Zeit angelegt hatte. Carus bemerkt: »War es doch ein merkwürdiger Anblick, sie mit den lieblichen Töchtern mitten unter meinen Schädeln und Skeletten zu sehen! Das Bild des Lebens unter Bildern des Todes!« Die Fürstin schickte ihm später von Petersburg aus die Totenmasken von Puschkin, Peter dem Großen und Karl XII. von Schweden.

Am 4. Juli 1843 zog der Hof wieder nach Pillnitz. Es herrschte sonniges Wetter, und Carus malte wieder, wobei sich manch guter Gedanke über das Seelenleben entwickelte, das er in einem neuen Werk behandeln wollte. – Da erfuhr er von der Entlassung des Ministers Bernhard von Lindenau. Empört schrieb er an Regis: »Schüttelt doch das Leben immer, ehe wir uns dessen versehen, einen Ast nach dem anderen vom Baume! Ich war mehrere Tage in einer Verstimmung, in einer gewissen Umnachtung, wie ich sie seit dem Tode meiner Tochter nicht gekannt hatte. Sie glauben nicht, welch eigene liebevolle Persönlichkeit mir durch das Fortgehen von Lindenau entrissen ist. Zugleich repräsentierte er in der höchsten Region unserer Regierungsbeamten so ganz im Sinne des Königs jenes Prinzip echter Humanität und Wissenschaftlichkeit, welches überall, wo es zutage kommt, ja stets so fördernd und wohltuend sich geltend macht. Ich war noch am 26. August abends allein bei ihm (ich war seit langem sein Arzt), wir waren beide bis zu Tränen gerührt. – Den Tag darauf war er fort.«

Im Februar 1844 wurde Carus zusammen mit Francke und von Ammon sowie Professor Clarus aus Leipzig zum Geheimen Medizinalrat ernannt. Sein Gehalt erhielt damit eine Aufbesserung. Dies

Carl Gustav Carus, 54 Jahre alt, 1844.

war die einzige öffentliche Anerkennung, die er unter der Regierung Friedrich August II. erfahren hat.

Ein Jahr darauf erlebte Carus eines der größten Hochwasser der Elbe. In der zweiten Märzhälfte des Jahres 1845 mußte er bei der erkrankten Gräfin Einsiedel in Milkel bei Bautzen eine Visite machen. Bei seiner Rückreise durch das Flußtal bemerkte er einen starken Eisgang auf der Elbe. Der Strom war ungewöhnlich angeschwollen. In Neustadt-Dresden fand er den Platz vor der Augustusbrücke überschwemmt, die Brücke selbst durch Militär abgeriegelt. Schon hatte die Flut den vorspringenden, das metallene Kruzifix tragenden Brückenpfeiler weggerissen, an einigen Bögen zeigten sich Risse. Alle Passage war streng verboten. Doch Carus, der sich plötzlich von seiner Familie gänzlich abgeschnitten sah, wollte hinüber. Er setzte seine Hoffnung auf die hohe Wöchnerin, Prinzeß Johann, die vor drei Tagen niedergekommen war und bei der er einen Besuch zu machen hatte. Er betrat das steinerne Blockhaus, in dem der Gouverneur und Kriegsminister von Nostitz sein Amtszimmer hatte, und trug ihm sein Anliegen vor. Mit Rücksicht auf die Prinzessin bekam er die sofortige Erlaubnis zur Überquerung der Brücke:

»Und in Wahrheit, dieser Übergang war seltsam genug! Die hoch aufrauschenden, trübgelben, mit Eisschollen gemischten Wogen leckten bis über den Schluß der Bögen herauf und bildeten überall eine schwindelerregend rasch dahinziehende, allerhand Trümmer mit sich führende, weite und breite tosende Fläche, die Brücke selbst war ganz öde und leer, aber am Ufer hüben und drüben stand, zumal auf den Brüstungen der Brühlschen Terrasse, eine unzählbare, neugierige Volksmenge; verschwunden war das hohe Kreuz, das mir so oft bei Abendgängen über die Brücke seine Formen schön auf den geröteten Wolken hingezeichnet hatte, eine graue Wolkendecke wölbte sich über das ganze unheimliche Bild, und wie ich nun so allein von vielen tausend Blicken gefolgt über die Brücke fortschritt, glaubte ich oft ein eigenes Schüttern unter meinen Füßen zu fühlen. Indes ich kam glücklich hinüber, fand drüben den Platz vor der Katholischen Kirche ebenfalls überschwemmt, aber auch hier und da durch Bretter überbrückt, und so gelangte ich endlich auf die Terrasse und von da glücklich nach Hause in die Arme der Meinigen.«

Als er später Prinzeß Johann in ihren Gemächern im Schloß besuchte, fand er Wöchnerin und Säugling wohlauf. Die Gemahlin Johanns war in Geburten erfahren. Nach vier Jahren anhaltender Kinderlosigkeit zu Beginn ihrer Ehe hatte sie schließlich insgesamt neun Kinder zur Welt gebracht. Carus konnte sich nach einigen Anordnungen zugunsten der körperlichen Befindlichkeit der Prinzessin wieder zurückziehen.

GEGEN Ende Februar 1848 erhielt Carus die Nachricht vom Ausbruch der Pariser Revolution. Die revolutionäre Bewegung erreichte bald München, Berlin und Wien. In Frankfurt am Main trat ein deutsches Parlament zusammen, das einen Reichsverweser wählte und die Republik proklamierte. Am 22. März feierte man auch in Dresden die Vereinigung Deutschlands zu einem Reich. Die Fahnen dieses Reiches wehten neben denen des Landes. An jenem Nachmittag wurden auch im Hause Carus große Fahnen zusammengenäht: »Die eine weiß und grün, die andere aus den seit den Wiener und Karlsbader Beschlüssen so viel verfolgten Farben Schwarz, Rot und Gelb oder Gold! Beide flatterten abends, von vielen Lämpchen erhellt, über dem Hoftor unserer Villa.«

Bei alledem änderte sich im Lebensgange Carus' nichts. Er zitiert Goethe, der sagt: »Ein Tag ist ein weites Gefäß, in welchem der Gesunde, Tätige gar vieles zusammenfassen kann.«

Ende April des Jahres 1849 löste die Regierung die Ständeversammlung auf. Über die Annahme der inzwischen ausgearbeiteten Frankfurter deutschen Reichsverfassung war man sich aber uneins. Prinz Johann schrieb darüber in seinem Tagebuch: »Den ganzen Vormittag war mein Bruder mit Deputationen bestürmt worden, die ihn zum Nachgeben bewegen sollten. Selbst wohlgesinnte und treue Leute wie mein Freund Carus stimmten in dieses Lied ein. Dieser warf sich der Königin zu Füßen und bat sie, meinen Bruder umzustimmen. Mein Bruder, tief erschüttert, warf sich vor Gott auf die Knie, und, gestärkt durch das Gebet, gab er den bestimmten Fällen kund, auf seinem Vorsatz zu verharren.«

Wie der König lehnten auch drei Minister die Verfassung ab. In der Stadt gärte es. Am Donnerstag, dem 3. Mai, griff das Volk das Zeughaus an. Ein Schuß aus der Kartätsche verwundete und tötete etwa zwanzig Personen. Auf Umwegen erreichte Carus später das Schloß, um sich von dem Befinden des Königspaares zu überzeugen, das sich aber bereits in die innersten Zimmer zurückgezogen hatte. »Man konnte wohl ahnen, daß der nächste Augenblick die ernstesten Entscheidungen bringen mußte, und so hatte ich eben nur Zeit, meinen schleunigen Rückzug zu nehmen, denn schon wurden alle Zugänge fest verschlossen, und als ich endlich auf dem gleichen Wege mich nach Hause wendete, sah ich schon an der Wilsdruffer Straße, an der Breiten Gasse und auf mehrern andern (Aufständische) das Pflaster aufreißen und mit Fässern und Kisten, welche zum Teil mit Pflastersteinen gefüllt wurden, den Barrikadenbau eifrig fortsetzen. Ebenso wurden jetzt die hölzernen Decken der Schleußen inmitten der Straßen aufgeworfen, um die Wege dadurch für Geschütz und Kavallerie unzugänglich zu machen, kurz, das Antlitz des Kriegs trat mit eins aus der frühern Ruhe der friedlichen Stadt scharf hervor.«

Der König war geflohen, und am 4. Mai wurde eine provisorische Regierung unter Todt, Tzschirner und Heubner gebildet. Doch die königlichen Truppen konnten die Lage nach tagelangen Kämpfen mit Unterstützung preußischer Regimenter wenden. Erst am Mittwoch, dem 9. Mai, hörte das Sturmläuten der Glocken und das Schießen auf. Die Revolution war gescheitert. Zu denen, die aus dem Lande fliehen mußten, gehörten Richard Wagner und Gottfried Semper.

Während der Unruhen wohnte die königliche Familie auf dem Königstein, wo Carus sie mehrmals aufsuchte. Am Geburtstag Friedrich Augusts, dem 18. Mai, war Carus zur Tafel geladen worden. Er übergab dem König als Geschenk ein Ölgemälde, das er 1823 geschaffen hatte. Dargestellt war die Rudelsburg an der Saale (heute Kunsthalle Bremen). Friedrich August betrachtete das Bild eine Weile und fragte dann lachend, ob Carus eine Beziehung zwischen der abgebildeten Ruine und dem Königstein habe andeuten wollen. Und Carus konnte in die hergezeigte Heiterkeit nur einstimmen.

Nach einer nur kurz währenden Choleraepidemie, die annähernd 30 Tote forderte, ging Carus am 4. August wieder nach Pillnitz, wo die Majestäten wie sonst ihr Hoflager aufgeschlagen hatten. Lediglich die Wachtposten waren verstärkt worden. In seinem stillen Zimmer im Schloß studierte er den zweiten Teil der »Briefe Goethes an Frau von Stein«, der ihm besser gefiel als der erste, weil er darin größere Klarheit in den Verhältnissen zu erkennen glaubte. Währenddessen hatte sich in der Villa Cara eine neue Romanze angesponnen. Sein ältester Sohn hatte sich in die Hofschauspielerin Lina Herbst verliebt. Carus und seine Karoline gaben nach Prüfung der jungen Dame mit Freuden die erbetene Einwilligung zur Hochzeit des Paares am 1. November.

Im Winter 1850/51 kamen die Gesandten aller deutschen Staaten nach Dresden, um über einen Weg zur deutschen Einheit zu konferieren. Carus, den diese Herren nicht kümmerten, begegnete ihnen zuweilen bei Hoffesten und Soiréen. Doch zwei Personen fesselten ihn: der preußische Baron von Manteuffel und Fürst Schwarzenberg aus Österreich. Es waren nicht die Ideen und Gedanken, die sie hatten oder nicht, sondern ihr Äußeres: »Der Kopfbau beider war intelligenten Charakters, ohne übrigens bedeutend zu sein, und verlor noch bei dem Fürsten relativ dadurch, daß er am Ende einer so langen, steif aufragenden Gestalt stand.« Carus nahm sie als Studien zu einer »Symbolik der Gestalt«, an der er jetzt arbeitete. In der Weltanschauung der Romantik befangen, die in äußeren Formen das Innere ausgedrückt sah, glaubte auch Carus von der leiblichen Bildung auf seelische und geistige Eigentümlichkeiten einer Person schließen zu können, wie er es schon in seiner »Kranioskopie« gehalten hatte.

Am Jahresende, in der Nacht zum 27. Dezember 1852, erlitt die Familie Carus abermals einen schweren Verlust. Die fünfundzwanzigjährige Tochter, Johanna Eugenie, erlag einem rasch fortschreitenden bösartigen Typhus. – Am Morgen danach schrieb Carus an Frau von Lüttichau: »So haben wir denn Abschied genommen von dem lieben schönen Kinde: Sie starb in der Nacht mit dem Glockenschlag zwölf, während wir alle um ihr Bett knieten.«

Im kommenden Jahr, am 28. April, starb Ludwig Tieck. – Noch am 4. März hatte er Carus in einem Briefe sein Beileid ausgesprochen und auch über sich selbst befunden: »...Ich kann meine Freunde nur noch lieb haben, aber nichts für sie tun, weder arbeiten, noch streiten, noch Spaß machen. Wie ich bin, krank und einfältig und schwach, bleibe ich Ihr wahrer Freund und wünsche, daß Sie mir Ihr Wohlwollen erhalten.« – Und Carus vermerkt in Bezug auf die jetzige Generation, die durch ihr Wirken den »Makrokosmos kompakter« mache, »...aber wir, aus der frühern Zeit, werden immer den einzelnen vorzugsweise begabten Menschen vermissen! – Ich kann nicht zum Makrokosmos sagen: Sei mein Freund!«

Anfang 1853 befand er sich mit seinem Kollegen Francke in der Hofapotheke. Er erzählte ihm vom Tode seiner Tochter Jenny. Bewegt nahmen sie schließlich voneinander Abschied. Nur ein paar Tage darauf wurde Carus zu ihm gerufen und fand ihn vom Schlage getroffen, sterbend.

So wurde Carus zum ersten Leibarzt ernannt, sein Gehalt etwas verbessert. Veränderungen in seinen Dienstpflichten brachte die Beförderung nicht mit sich. Jedoch mußte er sich nun mit von Ammon, dem anderen Leibarzt, jedes Jahr in die ganze Zeit teilen, die die königliche Familie sommers in Pillnitz verbrachte. Gemildert wurde diese Pflicht dadurch, daß der im vergangenen Herbst begonnene Um- und Ausbau seines Pillnitzer Anwesens jetzt beendet war. Er konnte seine Wohnung im Schloß verlassen, und mit seiner Familie im eigenen Hause zusammenleben. In diesen Tagen erhielt er auch den Vorsitz der Medizinalabteilung im Ministerium des Innern, da sein ehemaliger Lehrer Clarus erblindet war und das Amt aufgegeben hatte. Viel zu tun hatte Carus dort nicht. Die meisten Angelegenheiten entschied neuerdings der juristische Abteilungsleiter unter alleiniger Mitwirkung des Medizinalreferenten Geheimen Medizinalrats Johann Ludwig Choulant sofort.

Am 21. Juli 1853 bezieht er zum ersten Male sein umgebautes Haus. Abends ist er dabei, Begebenheiten in sein Gedenkbuch einzutragen, als seine Frau ihn mit den Kindern in seinem neuen kleinen Zimmer besucht. »Ist dir hier nicht wieder fast wie in deiner kleinen Wohnung im Institut«, sagt sie. »Merkwürdig«, denkt Carus, »so wäre ja eigentlich wieder eine Art von Kreislauf abgeschlossen, der freilich nie wirklich einer ist, sondern immer nur ein einzelner Gang der Lebensspirale. – Eben umleuchtet der Mond in reinster ruhigster Atmosphäre so schön die stille Gegend! – Unser Engel Eugenie senkt die Palme des Friedens darüber herab! – Möge das Stück Leben, das nun noch vor uns liegt, vom Dufte dieses Friedens immer durchatmet sein.«

In seiner ärztlichen Praxis wird er seit längerem von seinem Sohn Albert unterstützt. Im nächsten Winter soll Albert als Arzt Prinz Georg, einen Sohn Johanns, auf dessen Reise nach Italien begleiten. Carus muß sich einen anderen Assistenten suchen.

PHILALETHES AUF DEM
SÄCHSISCHEN KÖNIGSTHRON

*B*EI einer Reise durch Tirol verunglückte König Friedrich August II. am 9. August 1854 tödlich. Im oberen Inntal zwischen Imst und Wens war sein Reisewagen bei Brennbichl umgestürzt. Der Hufschlag eines Pferdes hatte den König am Kopf getroffen. Er überlebte seine Verletzungen nicht.

Am nächsten Tag traf die Nachricht vom Unfalltod des Königs in der Residenzstadt ein. Der Oberstallmeister General von Engel, der Kammerherr Graf Vitzthum und Hofrat Carus wurden beauftragt, die Leiche des Königs nach Dresden zu bringen. Am Unglücksort bedachte Carus bewegt, wie der König wohl mit einem letzten Blick die Schönheit dieser Landschaft aufgenommen haben wird. Er skizzierte Motive der Umgebung, nach denen er später in seinem Hause ein Bild jenes Inntals anfertigte. Er schenkte das Gemälde, dessen Rahmen er mit einem schwarzen Flor umwunden hatte, der verwitweten Königin Maria, die es stets in ihrer Nähe aufstellte.

Johann hatte die Nachricht aus Brennbichl vom Tode seines Bruders in der Nacht um 3 Uhr auf Schloß Weesenstein erhalten. Es blieben ihm nur wenige Stunden, um sich, wie er schreibt, »nach dem ersten Schrecken etwas zu erholen und meine Gedanken auf das zu richten, was mir jetzt zu tun oblag.« Es gab viele im Lande, die es gern gesehen hätten, wenn sein Sohn Albert den Thron bestiegen hätte. Johann, der seit den revolutionären Ereignissen zumeist auf Schloß Weesenstein bei seinen wissenschaftlichen Studien lebte, war ihnen zu konservativ.

Aber der Prinz war gut vorbereitet, sein neues Amt zu übernehmen. An Verzicht dachte er nicht. Auf dem sächsischen Königsthron hat es wohl keinen gebildeteren Herrscher gegeben als ihn. Er war begabt für Sprachen, beherrschte Französisch, Latein, Polnisch und Italienisch. Mit fünfundzwanzig erlernte er das Griechische, und seinen Briefwechsel mit amerikanischen Wissenschaftlern führte er in Englisch. Er kannte sich aus im Rechtswesen und in der Verwaltung. Zu seiner Umgebung verhielt er sich distanziert. Seine Augen unter der vorgewölbten Stirn blickten abwägend, prüfend. Berühmt hat ihn seine Übersetzung der »Göttlichen Komödie« von Dante Alighieri aus dem Italienischen ins Deutsche gemacht.

Carus nannte er seinen Freund. Schon 1829 hatte er in einem Brief an seinen Schwager Friedrich Wilhelm von Preußen geschrieben: »…ich nütze diese Gelegenheit um Dir die Schöpfung unseres Freundes im Grundriß zu übersenden. Es ist ein Werk des geistreichen Hofrath Carus, der außer Naturforscher, Arzt und Maler auch ein passionierter ›Dantiste‹ ist.« (Bei dem erwähnten Werk handelte es sich um Carus' Vorlesungen über Psychologie). In all den Jahren hatte er Carus' ärztlichen Beistand für sich selbst und besonders für seine Gemahlin Amalie Auguste gesucht und geschätzt. Aus Dankbarkeit schenkte er dem Hofrat einmal ein kostbares Schnitzwerk aus Holz, andere

König Johann 1854.

Male Exemplare seltener Bücher, jeweils mit einer prinzlichen Widmung. Aber Johann mußte auch die Grenzen der medizinischen Wissenschaft erfahren. Im Frühjahr 1847 war sein zweitgeborener Sohn Ernst in Schloß Weesenstein schwer erkrankt. Der aus Dresden herbeigerufene Carus konnte das Leiden wohl als Blutkrankheit diagnostizieren (mutmaßlich handelte es sich um eine Leukämie), aber nicht heilen. Ernst starb, sechzehnjährig, am 12. Mai. Als die wieder einmal in Dresden weilende preußische Kronprinzessin Elise plötzlich erkrankte, wurde sie von Carus mit Erfolg behandelt. Johann, erfreut über die Gesundung seiner Schwägerin, sprach dem Hofrat höchstes Lob aus. So ist es wohl verständlich, daß er den erprobten Leibarzt der Wettiner von neuem mit diesem Amt betraute.

Im Winter 1855 hat Carus die Genugtuung, das neue Museum mit der Gemäldegalerie eröffnet zu sehen. Schon einige Jahre hatte er den voranschreitenden Bau gespannt verfolgt: »Und nun war alles fertig, eingezogen in diese Prachträume und frisch gereinigt, leuchteten die lange gekannten Bilder in solchem Oberlichte wie durchaus neue Erscheinungen und eröffnet war somit ein würdiger, für Jahrhunderte vorhaltender Tempel der Kunst, in vornehmer und doch zugleich vollkommen liberaler Weise!«

Gegen Jahresende wurde Carus von Königin Maria gebeten, einen Vortrag zu halten, dessen Ertrag Frauenvereinen im Erzgebirge zukommen sollte. So verfaßte er einen Aufsatz über »Lebenskunst«. Darin forderte er, das Leben überhaupt würdig zu führen. Lebenskunst beziehe sich nicht nur auf das Körperliche, sondern erstrecke sich auf den ganzen Menschen, insbesondere auf das Seelische. Dazu benutzte er die Sprüche vom Tempel zu Delphi als Gliederung: »Erkenne Dich selbst. Nichts zuviel. Du bist.«

Im Haus der Frau von Lüttichau las er den Aufsatz in einer verkürzten Fassung erstmals vor. Es war der letzte Abend, den er in der Nähe dieser geistig so bemerkenswerten Frau verbringen durfte. Am Morgen des 1. Februar verstarb sie. »Es war ein Tod, welcher so schnell erfolgte, daß bei meiner Ankunft, die doch fast unmittelbar nachher statthatte, nicht das leiseste Lebenszeichen mehr vorhanden war und eine rasch noch geöffnete Ader kein Blut mehr ausgab.«

LETZTE EHRUNGEN

CARUS unternahm 1858 noch einmal Ausflüge nach Leipzig, Weimar und Jena. Er besuchte das Leipziger Rosental, Freunde, Festveranstaltungen wie die Feierlichkeiten zum dreihundertjährigen Jubiläum der Universität Jena, wozu ihn Goethes Enkel Walther Wolfgang von Goethe eingeladen hatte, und schließlich Goethes Garten- und Wohnhaus in Weimar.

Im selben Jahr erlitt er zwei harte Schicksalsschläge: Am 15. März wird ihm die treue Gefährtin seines Lebens, seine geliebte Karoline, durch den Tod entrissen. Im Spätsommer stirbt sein Sohn Wolfgang, Chemiker in Jena, an Typhus.

Carus war vereinsamt, seine Schaffenskraft aber nicht erloschen. Im Winter 1860/61 wütete eine Masernepidemie in der Stadt. Carus mußte, unterstützt durch seinen Kollegen von Ammon, das gesamte königliche Haus betreuen und dazu selbst fünf Nächte auf dem Dresdner Schloß verweilen. Sein Wirken war erfolgreich. Er konnte die gefürchteten Komplikationen wie Krupphusten, Lungenentzündung oder Masernenzephalitis von seinen Patienten fernhalten. König Johann verlieh ihm als Dank den Komturstern vom Verdienstorden. – Im Mai 1861 starb von Ammon an einem Nierenleiden. An seiner Stelle wurde Dr. Hermann Walther eingestellt und Carus' Sohn Albert als dritter königlicher Leibarzt berufen.

Am 20. Dezember 1861 feierte Carus sein fünfzigjähriges Doktorjubiläum, wobei er eine wahre Überflutung von Ehren- und Gnadenbezeigungen dankbar anzuerkennen hatte. In diesem Jahr erschien auch sein philosophisches Hauptwerk »Natur und Idee oder das Werdende und sein Gesetz«. Auf der Titelseite finden sich nachfolgende Bezeichnungen:

»Dr. Carl Gustav Carus, Geheimer Medic.-Rath, Leibarzt Sr. Majestät des Königs von Sachsen, Comthur I. Classe des Sächs.Verdienstordens, Officier und Ritter mehrerer ausländischer Orden, Mitglied deutscher, belgischer, englischer, schwedischer, russischer, amerikanischer und anderer Akademien und gelehrten Gesellschaften, sowie correspondierendes Mitglied des Institut Imperial de France.«

Ein Jahr darauf, 1862, wird er unter Vorsitz von Martius in München als Nestor der Medizin und Naturwissenschaften zum Präsidenten der Deutsch-Kaiserlichen Leopoldo-Carolinischen Akademie (gestiftet im Jahre 1652) erwählt. Bereits 1818 war Carus unter dem Cognomen »Cajus II.« in diese Akademie aufgenommen worden; im gleichen Jahr wie Goethe, der den Beinamen »Arion« erhielt. (Die Deutsche Akademie der Naturforscher Leopoldina mit Sitz in Halle verleiht noch heute eine Carus-Medaille für bedeutende Forschungen im Bereich der Naturwissenschaften oder der Medizin.)

Am 11. November 1863 suchte der Oberbürgermeister Dresdens, Pfotenhauer, Carus auf, um ihm mitzuteilen, daß König Johann angeordnet habe, den Teil der früheren Borngasse, wo die Villa

Carl Gustav Carus.

Cara steht, in Carusstraße umzubenennen. (Sie ist
im zweiten Weltkrieg zerstört worden.) Und am
28. Juni 1866 schrieb der Naturforscher John Fran-
cis Julius Haast an Carus, daß er auf einer Neu-
seeland-Expedition, von seinen Privilegien Ge-

brauch machend, einem hohen schneebedeckten Gipfel der Zentral-Alpen den Namen Mount Carus gegeben habe.

1867 gab der Achtundsiebzigjährige, schwer erkrankt, seine ärztliche Praxis endgültig auf. Doch er konnte sich wieder kräftigen. Dann starb am 12. Januar des nächsten Jahres seine geliebte Tochter Marianne, die ihn sorgsam betreut und Haus und Garten in Ordnung gehalten hatte. Carus ertrug auch dieses Leid. An den Botaniker Martius schrieb er im April: »Wir setzen ein stilles einfaches Leben gleichmäßig fort, fahren wo möglich täglich etwas ins Freie, sehen zuweilen ein paar Freunde bei uns. Abends kommt fast täglich mein Sohn und seine Frau (unsere liebe Vorleserin), allwöchentlich ißt mein Enkel mit seiner Frau einmal bei uns, indem dann (bei schönem Wetter) auch der kleine Urenkel (eben jetzt geimpft) ein Stündchen hergebracht wird; einigemal wöchentlich sehe ich unsere verehrten Herrschaften, oder habe ich Sitzungen in unserem Landes-Medicinal-Collegium, und so vergeht Woche um Woche leidlich genug obwohl jede aufbrechende Blume im Garten mir mein geliebtes Kind, dem die Sorge des Gartens oblag, schmerzensreich hervorruft«.

Noch einmal wirkte er als Geschäftsführer der 42. Versammlung der »Gesellschaft deutscher Naturforscher und Ärzte«, die im September in Dresden tagte. Nicht mehr in der Lage, eine Festansprache zu halten, übermittelte er Grußworte, die sein humanistisches Vermächtnis ausdrückten.

Dresden, Trinitatisfriedhof
Grabmal von Carl Gustav Carus (1789–1869).

Carl Gustav Carus starb, einundachtzigjährig, am 28. Juli 1869 gegen 19 Uhr in seinem Haus in Dresden. Er wurde am 31. Juli auf dem Trinitatisfriedhof in Dresden-Johannstadt neben dem Grab Ida von Lüttichaus beigesetzt.

QUELLENVERZEICHNIS

CARL GUSTAV CARUS OPERA ET EFFICACITAS –
Beiträge des Wissenschaftlichen Symposiums zu
Werk und Vermächtnis von Carl Gustav Carus
am 22. September 1989. – Dresden, 1990

CARUS, H.: Der Lebensweg von Carl Gustav
Carus und sein Verhältnis zur Königsfamilie,
insbesondere zu König Johann. – In: Sächsische
Heimatblätter I, 38. Jahrg., Heft 1, 1992

CONVERSATIONS-LEXIKON in fünfzehn Bänden.
F. A. Brockhaus. – Leipzig, 1868

ECKART, W. U.: Geschichte der Medizin. – Berlin
Heidelberg New York, 1994

FRÜHSORGE, G. (Hrsg): Julius Bernhard von Rohr
Einleitung zur CeremonielWissenschafft der
Privat-Personen. – Neudruck d. Ausg. Berlin
1728 – Leipzig, 1990

GENSCHOREK, W.: Carl Gustav Carus. – Leipzig,
1986

GOERKE, H.: Arzt und Heilkunde. – München,
1984

HEIDER, G. (Hrsg.): Carl Gustav Carus, Briefe
und Aufsätze über Landschaftsmalerei. –
Leipzig und Weimar, 1982

HENTSCHEL, W.: Villa Cara. – In: Schriften der
Medizinischen Akademie Dresden. Bd. 3, 1963

HUCH, R.: Die Romantik. – Leipzig, 1931

JANSEN, E. (Hrsg.): Carl Gustav Garus, Lebenserinnerungen und Denkwürdigkeiten. 2 Bd. – Weimar, 1966

KLECKER, CH., WINTERMANN, K.-D.: Wahre Geschichten um König Johann. – Taucha, 1997

KLEINE-NATROP, H.-E.: Das heilkundige Dresden. – Dresden und Leipzig, 1964

MEFFERT, E.: Carl Gustav Carus. Sein Leben – seine Anschauung von der Erde. Stuttgart, 1986

MEFFERT, E. (Hrsg.): Carl Gustav Carus, Zwölf Briefe über das Erdleben. Stuttgart, 1986

ZIMMERMANN, I.: Sachsens Markgrafen, Kurfürsten und Könige. Berlin, 1990

BILDNACHWEIS

Verlagsarchiv:
2, 17, 21, 30, 32, 50, 72

Archiv des Autors:
16, 23, 25, 37, 48, 58, 61, 76

Sächsische Landesbibliothek
Staats- und Universitätsbibliothek Dresden
Deutsche Fotothek:
45 (Handrich), 56, 78 (Kramer)